La pesada mochila del ego

Juan Manuel Santisteban Negroe

Que todos los seres vivos estemos bien, que seamos felices, que tengamos paz y tranquilidad.

Índice

Capítulo 1. El ego

"Como la palma de mi mano". Cuando decimos esa frase, queremos dar a entender que conocemos a algo o a alguien bastante bien, tal como a la palma de nuestra propia mano, y es que, ¿cómo no vamos a conocer a la perfección la palma de nuestra propia mano?, si ha estado con nosotros en todo momento, toda nuestra vida, desde antes de que tuviéramos memoria. Parece razonable pensar que ya conocemos muy bien a todo lo que ha estado con nosotros durante tanto tiempo... ¿o no?, ¿qué me dicen de nuestra propia mente?

Para poder trabajar en los problemas que afectan a nuestro bienestar mental, lo primero es mirar hacia adentro, intentar conocer cómo funciona nuestra mente y cómo estamos interactuando con el mundo que nos rodea, lo cual es precisamente lo que se intentará describir en este libro.

En el budismo, se dice que el sufrimiento viene de la ignorancia, que es esta inconciencia o, digamos, esta interpretación sesgada que hacemos de la realidad, en donde creemos, erróneamente que, para ser felices, tenemos que alimentar al ego y, mientras más lo alimentemos, más felices seremos.

La ignorancia, a su vez, es el origen de la avidez y la aversión, en su conjunto, la ignorancia, la avidez y la aversión se denominan "los tres venenos de la mente".

Ahora bien, ¿de qué somos ignorantes?

Para los budistas, la ignorancia es no ser conscientes de que el cambio es una parte fundamental de la naturaleza (o como ellos lo dicen, el desconocimiento de la naturaleza impermanente del universo) asimismo, la ignorancia, también implica no ser conscientes de que, lo que les pasa a los demás, nos va a afectar a nosotros mismos (o como ellos lo dirían, el desconocimiento de la interconexión entre los seres vivos). Ignorar ambos componentes de la naturaleza: la impermanencia y la interconexión, va a provocar que nos volvamos más egoístas y aferrados a lo que nos da placer momentáneo, es decir que: la ignorancia va a provocar que confundamos cuál es el camino hacia el bienestar, creyendo, erróneamente, que encontraremos la felicidad alimentando nuestro yo egoísta.

Ahora bien, ¿qué es la avidez?

La avidez es la sed que tenemos de satisfacer nuestros impulsos, es ambición, es codicia, es voracidad, es querer alimentar nuestro gran ego a como dé lugar, aún a costa del sufrimiento ajeno si es necesario, es querer tener más y más, y no poder sentirnos satisfechos, digamos que es un deseo eterno, es la raíz de la insatisfacción.

Ahora bien, ¿qué es la aversión?

La aversión es un impulso de destruir o aniquilar, es odio, ira, desprecio, rencor y resentimiento hacia lo que lastima nuestro ego, es una inclinación violenta para proteger al ego.

Los budistas dicen que no hay conflicto interpersonal que esté ausente de avidez o aversión, es decir; que no hay conflicto interpersonal sin ignorancia.

Una de las cosas más importantes, que hay que mantener en mente, en todo momento, es que no es lo mismo querer alimentar el ego que querer cuidarnos a nosotros mismos: Alejarnos de lo que nos hace daño y acercarnos a lo que nos hace bien es perfectamente entendible, eso es cuidarnos a nosotros mismos.

Por otro lado, irnos a un extremo y sentir aversión, odio, un impulso de destruir o aniquilar, desprecio, rencor y resentimiento hacia lo que lastima nuestro ego, o irnos hacia el otro extremo y sentir avidez, ambición, codicia, una sed insaciable por aquello que alimenta nuestro ego, es algo completamente diferente a cuidarnos y he ahí el meollo del asunto:

Hay que distinguir lo que es necesario para cuidarnos de aquellos extremos de aversión y avidez.

Un ejemplo en cuanto a la aversión sería el siguiente:

No es lo mismo cuidarnos de alguien que nos quiere hacer daño, protegiendo nuestro bienestar o el de nuestros seres queridos, impidiendo que nos lastimen, digo: incluso por la fuerza si es necesario, no se trata de permitir que nos hagan daño, pero esto no es lo mismo que irnos al extremo de estar cultivando el veneno de la aversión, el veneno del odio, del resentimiento hacia aquella persona que se atrevió a lastimar a nuestro ego, pues este veneno, para quien resulta más tóxico es para quien lo cultiva y quien lo está guardando todo el tiempo.

Un ejemplo en cuanto a la avidez sería el siguiente:

No es lo mismo necesitar cierta cantidad de dinero para cubrir nuestras necesidades básicas de salud, vivienda, alimentación, tener una calidad de vida digna, si tenemos hijos, querer darles una buena educación, una buena salud, una buena calidad de vida, todo eso es completamente sensato. Pero irnos al extremo de estar cultivando el veneno de la avidez, de la sed insaciable por cosas materiales que nos den mayor estatus que a los demás, que alimenten nuestro ego, lo único que causará en nosotros es nunca poder estar satisfechos con lo que tenemos, aunque sea justo lo necesario o, aunque sea mucho, siempre vamos a querer más y más, y quedará poco tiempo para disfrutar lo que tenemos.

En este libro, estaremos utilizando la metáfora de la pesada mochila del ego para describir cómo podemos usar nuestra poderosa mente para hacernos sufrir a nosotros mismos.

Se podría decir que el ego es como una mochila que tenemos que estar cargando toda nuestra vida y la ignorancia es creer que llenando esa mochila seremos muy felices:

La mochila del ego puede ser muy grande, y pueden caber necesidades muy pesadas, conforme vamos creciendo, vamos llenando esa mochila de más y más necesidades que vamos encontrando a lo largo del camino, haciendo que nuestro viaje sea más pesado en vez de que seamos más felices, pero ¿qué son estas "pesadas necesidades del ego" que estamos cargando y hacen que nuestro viaje sea pesado en lugar de hacernos realmente felices?

Para fines didácticos, aquí se proponen tres necesidades comunes del ego, todas ellas tienen tanto el componente de avidez como el componente de aversión y, normalmente, tenemos la idea de que cubriendo estas necesidades podremos ser felices, cuando, realmente, lo único que hacen es más pesada la mochila del ego que tenemos que cargar durante nuestra vida:

1. Necesidad de reafirmar la forma en que vemos la vida.

2. Necesidad de dominar a los demás.

3. Necesidad de ser mejor que los demás.

En el próximo capítulo, explicaré la poderosa necesidad del ego de tener que reafirmar nuestra propia forma de ver la vida.

Capítulo 2. Necesidad de reafirmar la forma de ver la vida

En el capítulo anterior dijimos que, a pesar de que no es tarea sencilla, para poder trabajar en nuestro bienestar mental, lo primero es mirar hacia adentro e intentar conocer cómo funciona nuestra mente y cómo estamos interactuando con el mundo que nos rodea.

Mencionamos que, en el budismo, se dice que el sufrimiento viene de la ignorancia, que es esta interpretación sesgada que hacemos de la realidad, en donde queremos alimentar a nuestro yo egoísta, creyendo que eso nos traerá felicidad. También explicamos que la ignorancia es el origen de la avidez y la aversión. Por último, resaltamos la importancia de distinguir entre lo que es necesario para cuidarnos y aquellos impulsos extremos y venenosos de aversión y avidez.

En este capítulo veremos cómo funcionan los sesgos cognitivos que surgen de la necesidad de reafirmar la forma que tenemos de ver las cosas. Veremos cómo estos sesgos tienen, tanto impulsos de avidez por alimentar a nuestro ego, como impulsos de aversión hacia lo que ofende a nuestro ego.

Empecemos por el sesgo de confirmación

En 1960, el psicólogo cognitivo inglés Peter Cathcart Watson realizó una serie de experimentos en los que demostró que las personas tendemos a favorecer y recordar mejor la información que confirma nuestras propias creencias y a desacreditar la información que las contradice. Y no solamente favorecemos la información que confirma lo que creemos, favorecemos también a las personas que tienen las mismas creencias u opiniones que nosotros y desacreditamos a aquellos que contradicen nuestra forma de percibir las cosas.

Podemos decir que estamos ávidos de información y personas que nos den la razón, y sentimos aversión por aquella información y personas que contradicen nuestras creencias y nuestra forma de ver las cosas (en especial, en temas controversiales como política o religión). Y, curiosamente, mientras más grande sea nuestro ego, mayor será nuestra avidez y nuestra aversión, pero no así nuestro bienestar.

El sesgo de confirmación nos va a llevar a considerar como más razonable y verdadera la información o los hechos que respalden nuestras opiniones previas. Se trata de un prejuicio cognitivo que nos incita a seguir de acuerdo con nuestras creencias para que no tengamos que cuestionar ni contradecir a nuestro gran ego. Pero cuidado, con el tiempo, esto va provocando que nuestra postura, en ciertos temas, se vaya haciendo más y más extrema, y nos volvamos más y más cerrados y necios, manteniendo intacto y crecido a nuestro "precioso" ego (ya saben; alimentándolo con avidez y protegiéndolo con aversión hacia lo que lo cuestiona).

El sesgo de confirmación puede determinar el tipo de personas que frecuentamos, el tipo de prensa que leemos, los blogs que visitamos, la cadena de noticias que vemos, los libros que leemos, los podcasts que escuchamos etc. Esto, desgraciadamente, nos lleva a tener una visión polarizada o sesgada de las noticias o los problemas de nuestro entorno, en donde nada más escuchamos un lado de la historia.

Si pensamos que los hombres manejan mejor que las mujeres, estaremos más atentos y recordaremos más una infracción de una mujer al volante que la de un hombre. Si un jugador de nuestro equipo de fútbol recibe una falta, será más evidente para nosotros que para un seguidor del equipo rival, y la recordaremos más nosotros que el seguidor del equipo rival ¡Eso no era penal!, muchas veces vemos lo que queremos ver, oímos lo que queremos oír y recordamos lo que queremos recordar.

Pero tengamos cuidado con juzgar erróneamente a las personas. Muchas veces, juzgamos como más inteligentes y confiables a aquellas personas que tienen las mismas creencias y valores que nosotros. También, las consideramos con una moral más elevada y con mayor integridad que los demás. Si somos de izquierda, juzgaremos a los políticos de esta tendencia de forma más permisiva, y si se equivocan, estaremos seguros de que son, de alguna forma, mejores personas que los de derecha, o viceversa. Lo mismo ocurre con las diferentes creencias religiosas.

La pregunta del millón es ¿cómo combatir el sesgo de confirmación? Lo primero, es aclarar que el objetivo de este libro no es dar una terapia psicológica, para eso tenemos que acudir con un profesional de la psicología clínica, el objetivo, más bien, es explicar un poco sobre sesgos comunes que son intrínsecos a la naturaleza de nuestra mente.

Lo segundo, es aclarar que todos tenemos el sesgo de confirmación, es algo universal, en un nivel u otro, incluso, si creemos que somos más abiertos y tolerantes que el promedio de la gente. Reconocer esto, puede ayudarnos a ver las cosas desde otra perspectiva, y a cuestionar, y poner a prueba, creencias que tenemos arraigadas y que consideramos incuestionables.

Una recomendación aquí, sería intentar reconocer estos impulsos de avidez por alimentar a nuestro ego, o de aversión hacia lo que ofende a nuestro ego y, cada vez que notemos que somos poco tolerantes hacia alguna creencia, opinión o forma de pensar distinta a la nuestra, intentemos respirar, recuperar la calma, y preguntarnos: ¿de dónde viene este impulso, esta aversión?, ¿no será mi necesidad de tener la razón para no cuestionar a mi ego?, ¿por qué me afecta tanto que no confirmen lo que yo creo o que no piensen igual que yo?, ¿estaré siendo más crítico con la información que contradice mi forma de ver las cosas?, ¿no debería de intentar comprender otras perspectivas?

Repito, esto no va a quitarnos el sesgo de confirmación pero, con el tiempo, nos permitirá que seamos más conscientes de lo que provoca en nosotros la necesidad de confirmar que nuestra forma de ver las cosas es la correcta.

Así como la ignorancia (esta interpretación sesgada que hacemos de la realidad, en donde creemos, que, para ser felices, tenemos que alimentar al ego) es la madre de los impulsos de avidez y aversión, de la misma forma, el sesgo de confirmación (esta necesidad de reafirmar que nuestra perspectiva es la correcta) es la madre de varios efectos psicológicos.

Por ejemplo, el efecto de falso consenso, el hecho de que muchos de nosotros consideremos que nuestros gustos, hábitos, valores o creencias están más extendidos entre otras personas de lo que realmente están, es decir; cuando creemos que la mayoría de la gente piensa igual que nosotros, aunque, en realidad, no siempre sea así.

O, por ejemplo, el sesgo de autoservicio que provoca que, cuando aparece información ambigua, cada una de las partes la interpreta de un modo que beneficia su propia postura, cuando, en realidad, simplemente, es información o datos ambiguos o imparciales. Un buen ejemplo de este sesgo es cuando hay dos candidatos compitiendo en un debate político y, al terminar el debate, los partidarios de ambos candidatos salen convencidos de que su candidato fue el vencedor, ¿cómo es posible que los dos opositores sean ganadores?

Es algo común que cada partidario interprete las discusiones ambiguas como favorecedoras hacia su candidato, y, además, recuerde mejor los momentos en los que su candidato venció al opositor.

Es interesante como protegemos a nuestro ego y sus creencias, tanto en nuestra atención, como en la forma en que interpretamos los hechos, como en la forma en que recordamos la información, por eso luego preguntamos a nuestros conocidos: ¿cómo puedes decir eso?, ¿qué no estabas viendo el mismo partido / debate que yo?, y así nos podemos enfrascar en largas discusiones con nuestros familiares o amigos.

También tenemos el conocido reflejo de Semmelweis, que es cierta tendencia a rechazar nuevas pruebas o conocimientos que contradicen costumbres, creencias, hábitos o paradigmas preestablecidos. La historia es un poco triste y el término deriva del nombre de un médico húngaro, Ignaz Semmelweis, el cual, en 1847 descubrió que las tasas de mortalidad de un hospital de Viena se podían reducir significativamente si los médicos se desinfectaran las manos, así es; si los médicos se desinfectaran las manos. Por desgracia algunos de sus colegas médicos rechazaron sus sugerencias para desinfectarse las manos, pues estaban contradiciendo las costumbres, creencias y hábitos de su erudito ego, pues sabían que las manos de un "prestigioso médico" no podrían transmitir enfermedades. En fin…

Recordemos, a pesar de que nosotros seamos más abiertos y tolerantes que el promedio de la gente y ya no vivamos en 1847, cada vez que notemos que somos poco pacientes hacia alguna creencia, opinión o forma de pensar distinta a la nuestra, intentemos respirar, recuperar la calma, y preguntarnos:

¿De dónde viene esta falta de tolerancia, esta aversión?, ¿no será mi necesidad de tener la razón para no cuestionar a mi ego?, ¿por qué me afecta tanto que no confirmen lo que yo creo o que no piensen igual que yo?, ¿estaré siendo más crítico con la información que contradice mi forma de ver las cosas?, ¿no debería de intentar comprender otras perspectivas?

Lo importante aquí es poder reconocer, de momento a momento, nuestra necesidad de confirmar que nuestra forma de ver las cosas es la correcta.

En el próximo capítulo, explicaré la poderosa necesidad del ego de tener que dominar a los demás.

Capítulo 3. Necesidad de dominar a los demás

En el capítulo anterior dijimos cómo funcionan los sesgos cognitivos que surgen de la necesidad de reafirmar nuestra perspectiva. Vimos cómo estos sesgos tienen, tanto impulsos de avidez por alimentar a nuestro ego, como impulsos de aversión hacia lo que ofende a nuestro ego.

Hablamos sobre el sesgo de confirmación, que es esta tendencia a favorecer a la información y a las personas que confirman nuestras propias creencias y a desacreditar la información o a las personas que las contradicen. También hablamos sobre otros sesgos que buscan reafirmar que nuestra perspectiva es la correcta, así como de la importancia de ser conscientes de este fenómeno.

En este capítulo veremos, el papel del ego y los impulsos que vienen de la ignorancia en el famoso experimento de la cárcel de Stanford y en el performance llamado "Ritmo 0" de Marina Abramovic.

En el famoso experimento de la cárcel de Stanford realizado en 1971, Philip Zimbardo y su equipo seleccionaron a 24 hombres jóvenes que calificaron como saludables y estables psicológicamente para participar asumiendo los roles de guardias o presos dentro de una prisión ficticia.

Los participantes se asignaron al azar al grupo de prisioneros o de guardias, y la cárcel ficticia se instaló en el sótano del departamento de psicología de la Universidad de Stanford. Zimbardo cuidó mucho la validez ecológica del estudio, esto es: hizo que las condiciones fueran lo más reales posibles.

La policía arrestó a los prisioneros en sus casas, tomaron sus huellas dactilares, y fueron trasladados a la prisión ficticia, donde se les proporcionaron sus nuevas identidades (por ejemplo, números en vez de sus nombres). Por otro lado, a los guardias se les dieron macanas y se les explicó que, a diferencia de los prisioneros, ellos tendrían el poder en esa cárcel.

El primer día fue relativamente tranquilo, en el segundo, se desató un motín y los guardias atacaron a los prisioneros con extintores, a partir de ahí, los guardias empezaron a humillar y a denigrar a los prisioneros; su derecho de ir al baño pasó a ser un privilegio que podía ser denegado por los guardias, se obligó a algunos prisioneros a limpiar los escusados sin guantes, se retiraron los colchones de las celdas de algunos prisioneros, en ocasiones, se les castigaba negándoles la comida y hasta se les obligaba a permanecer desnudos para humillarlos. Se había planeado que el experimento duraría dos semanas, pero se tuvo que cancelar al sexto día por los altos niveles de degradación y humillaciones que sufrían los prisioneros.

Por otro lado, tres años más tarde, en 1974, el performance llamado "Ritmo 0" de Marina Abramovic, se llevó a cabo durante seis horas, de las 8 p.m. a las 2 a.m., en la galería Estudio Morra en Nápoles.

La dinámica era la siguiente: la artista estaría inmóvil. Sobre una mesa, había diversos objetos, digamos, inofensivos; como flores, plumas, perfume, vino, pan, uvas, etc., pero también un cuchillo, tijeras, hojas de afeitar y hasta una pistola. La artista puso un cartel que decía que los espectadores podían hacer lo que quisieran hasta las 2 a.m., y que ella se hacía responsable de todo lo que pudiera suceder en este tiempo.

La finalidad era observar cómo reaccionarían las personas frente a la posibilidad de disponer de un ser humano, sin responsabilidad alguna y con absoluta libertad. Después de conocer lo sucedido en la cárcel de Stanford, ¿hasta dónde crees que llegarían las personas que entraron en la galería?

Se reporta que, durante las primeras dos horas, no pasaron muchas cosas, quienes se acercaban, era más que nada para tomar fotos o hacerle cosquillas con alguna pluma, no pasaron grandes cosas. Pero a partir de la tercera hora, un grupo la llevó hasta la mesa, la ató y clavó el cuchillo cerca de su entrepierna. Luego, desgarraron su ropa con las hojas de afeitar, la desnudaron, le hicieron cortes en la piel, otros, la empezaron a agredir sexualmente, le clavaron espinas de rosas en el vientre e, incluso, una persona la apuntó con la pistola.

¿Qué patrones en común podemos encontrar entre el experimento de la cárcel de Stanford y el performance Ritmo 0?

Lo primero en lo que me gustaría reflexionar es ¿por qué, cuando se otorga un rol de poder o se deslinda de la responsabilidad de sus actos a las personas, muchas de ellas, no tardan demasiado en abusar, humillar y denigrar a las personas vulnerables?

Entonces, ¿no está en nuestra naturaleza abstenernos de abusar, humillar y denigrar cuando tenemos la oportunidad?, es decir; ¿si no lo hacemos, es porque no tenemos el poder o la libertad suficientes?

Aún hoy en día, estas preguntas están muy lejos de ser respondidas, pero un elemento sumamente importante, me atrevería a decir que, el más importante para abstenernos de abusar del poder o la absoluta libertad, es ver como iguales y con empatía a aquellos que están en una situación de vulnerabilidad en comparación con nosotros.

Un rasgo común entre los asesinos, abusadores, los guardias de la cárcel de Stanford, o quienes participaron en Ritmo 0, es la falta de empatía con su víctima. Digamos que, la empatía es nuestro freno más básico, que va a actuar, incluso, en situaciones donde nos encontremos en un rol de poder o con absoluta libertad. Pero si nos distanciamos de nuestra víctima y no logramos sentir empatía hacia ella, en la primera circunstancia donde tengamos poder sobre ella o se nos deslinde de la responsabilidad de nuestros actos, seremos capaces de cometer atrocidades.

¿Recuerdan el veneno de la ignorancia? Sí, aquel que implica no ser conscientes de que, lo que les pasa a los demás, nos va a afectar a nosotros mismos (o como los budistas dirían, el desconocimiento de la interconexión entre los seres vivos). Recordemos que, ignorar esta interconexión, va a provocar que nos volvamos más egoístas y aferrados a lo que nos da placer momentáneo, dando rienda suelta a nuestros impulsos de avidez por alimentar a nuestro dominante ego y aversión por aquello que ofende al ego.

Ahora bien, muchos podrán decir "pero yo no soy ni un asesino, ni abusador, ni fui guardia en la cárcel de Stanford, ni participé en Ritmo 0", sin embargo, no hay que olvidar que los participantes de la cárcel de Stanford y Ritmo 0 eran personas consideradas como normales, comunes y estaban adaptadas a la sociedad. No hay que olvidar que la ignorancia de comprender la interconexión y los impulsos de avidez y aversión están presentes, en mayor o menor medida, en todos los seres humanos.

También es muy común que veamos que, tristemente, el poder llega a transformar a ciertas personas y envenenar sus mentes, como los budistas dicen: La ignorancia puede llevarnos por un camino erróneo hacia la felicidad, donde estemos ávidos de placeres momentáneos, a pesar de que, para conseguirlos, tengamos que perjudicar a otros seres vivos. Recuerden que la ignorancia es la madre del veneno o del impulso de la avidez (ya sea de poder, de dominio o de algún otro placer momentáneo).

Por eso, es tan importante hacernos responsables de las consecuencias de todas nuestras decisiones y, preguntarnos, constantemente, ¿de qué manera, nuestras palabras o nuestras acciones, pueden causar sufrimiento?

Tal vez, durante la pandemia del COVID-19, para muchos de nosotros se hizo evidente la interconexión entre los seres vivos, y cómo es que, lo que le pasa a uno, puede afectar a otros en distintas partes del mundo, y las decisiones que tomamos nosotros, afectan a los demás y viceversa, no cabe duda de que todos los seres vivos navegamos en el mismo bote.

El hecho de no querer cuidarnos y no tomar medidas de higiene y salubridad necesarias, afecta a otros, el ser oportunistas y subir el precio de algunos productos alimenticios o de higiene durante una crisis sanitaria, también afecta a otros, el que hagamos compras de pánico, también afecta a otros, todas estas situaciones reflejan la incapacidad de reconocer y valorar la interconexión entre los seres vivos.

En el próximo capítulo, explicaré la poderosa necesidad del ego de ser mejor que los demás.

Capítulo 4. Necesidad de ser mejor que los demás

En el capítulo anterior explicamos que, cuando se otorga un rol de poder o se deslinda de la responsabilidad de sus actos a las personas, muchas de ellas, no tardan demasiado en abusar, humillar y denigrar a las personas vulnerables.

Vimos que un rasgo común entre los guardias de la cárcel de Stanford, o quienes participaron en Ritmo 0, es la falta de empatía con su víctima. Dijimos que, la empatía es nuestro freno más básico, que va a actuar, incluso, en situaciones donde nos encontremos en un rol de poder o con absoluta libertad. También mencionamos que la ignorancia, en el budismo, implica ser inconscientes de la interconexión entre los seres vivos, lo cual va a provocar que nos volvamos más egoístas y aferrados a lo que nos da placer momentáneo, dando rienda suelta a nuestros impulsos de avidez por alimentar a nuestro dominante ego y aversión por aquello que ofende al ego.

Por último, recordamos lo sucedido durante la pandemia del COVID-19, en donde, para muchos de nosotros, se hizo evidente la interconexión entre los seres vivos, y cómo es que, lo que le pasa a uno, puede afectar a otros en distintas partes del mundo, y las decisiones que tomamos nosotros afectan a los demás y viceversa.

En este capítulo, hablaremos de la necesidad del ego de ser mejores que los demás: de esta tendencia que tenemos de estarnos comparando constantemente con otras personas y alimentar nuestra avidez cuando nos sentimos mejores que ellas, o alimentar nuestra aversión y empeorar nuestro autoconcepto cuando sentimos que otras personas son mejores que nosotros en algo que consideramos importante.

Una parte de la llamada ignorancia, es decir; de creer que alimentando el ego podremos alcanzar el bienestar, es compararnos y querer ser mejores que otras personas en aspectos o categorías que son importantes para nosotros. De estarnos comparando constantemente con otros, se pueden desprender dos impulsos o venenos de la mente:

El primero de ellos es la avidez: vamos a estar ávidos y sedientos por alimentar a nuestro ego y reafirmarnos que somos mejores en algo que otras personas con quienes nos comparamos. El segundo veneno es la aversión: sentiremos envidia y empeoraremos nuestro autoconcepto si consideramos que, aquellos con quienes nos comparamos, son mejores que nosotros en algo que valoramos mucho.

Lo importante aquí no es dejar de cuidarnos y trabajar en aquello que es importante para nosotros, al contrario, se trata de concentrar nuestra energía en cuidar y trabajar los aspectos que son valiosos para nosotros y dejar de perder tiempo, energía y tranquilidad comparándonos con otras personas y buscando alimentar al ego.

Veamos algunos sesgos cognitivos que ilustran nuestra necesidad de estarnos comparando y ser mejores que los demás. El primero de ellos, es el error fundamental de atribución, ¿a quién de ustedes le es familiar la siguiente interpretación?

Yo reprobé porque estaba demasiado difícil el examen, fue una prueba injusta, además no dormí bien anoche y no tuve tiempo de estudiar, normalmente yo no soy así. En cambio, él, reprobó porque es un vago, no estudió nada, no le dio importancia, él siempre es así.

El error fundamental de atribución surge cuando atribuimos nuestro éxito a una cualidad personal interna (por ejemplo, a nuestra inteligencia, bondad, fuerza, carácter, etc.) y nuestros fracasos a circunstancias externas (como mala suerte, desventaja, etc.) y, por el contrario, atribuimos el éxito de los demás a circunstancias externas (tuvo suerte, tuvo ventaja) y sus fracasos, a debilidades o características internas (no es suficientemente fuerte o inteligente).

Lo anterior se considera un error de atribución porque, normalmente, la realidad es mucho más compleja: tanto en los éxitos como en los fracasos, ya sean propios o ajenos, intervienen, tanto cualidades personales como circunstancias externas. No deberíamos de ser tan reduccionistas y querer mantener un ego elevado, diciendo que, cuando algo nos sale bien, es sólo por nuestras virtudes y, cuando algo nos sale mal, es sólo por circunstancias externas.

Por otro lado, tampoco deberíamos de ser tan reduccionistas y subestimar a los demás diciendo que, cuando algo les sale bien, es por circunstancias externas y, cuando algo les sale mal, es por su falta de capacidad.

Lo más objetivo, es reconocer que en todas las situaciones se incluyen factores personales y factores circunstanciales.

El problema aquí es que, si algún día esa persona que tuvo éxito por suerte o ventaja, resulta mejor que nosotros que tuvimos éxito por virtudes propias, entonces la imagen que tenemos de nosotros mismos va a entrar en conflicto y, mientras más alto teníamos el ego, más fuerte será el golpe de la caída, por eso, la necesidad de compararnos, de una u otra forma, nos puede hacer sufrir. Repito, lo importante es cuidar que trabajemos en nosotros mismos.

¿Les suena a algo que ya habíamos dicho antes en este libro? ¿Hacer una interpretación errónea de la realidad y creer que manteniendo enaltecido a nuestro ego seremos felices? Parece que, tanto las antiguas enseñanzas budistas como la psicología de nuestra era tienen bastantes puntos en común.

El hecho de intentar justificar nuestros errores, para mantener intacto al ego, también se ve reflejado en un efecto psicológico llamado licencia moral.

La licencia moral ocurre cuando tenemos una confianza excesiva de que nuestra moral es impecable, damos por sentado que somos "buenas personas" y dejamos de ser tan críticos con nuestra ética como lo somos con la ética de los demás.

Como ya sabemos que nosotros somos "buenos", bajamos la guardia y no nos fijamos tanto en que nosotros podamos llevar a cabo acciones poco éticas. Esta licencia moral puede tener consecuencias sociales o ecológicas negativas, ya que dejamos de ser conscientes y autocríticos en cuestiones de estereotipos, prejuicios raciales, comportamientos egoístas, o que dañen a la naturaleza y al medio ambiente. Podemos decir que, a veces, somos más críticos y encontramos más fácil las faltas éticas en otros que en nosotros mismos, pues estamos demasiado seguros de nuestra ética e integridad.

Y es que, estar más al pendiente de lo que hacen los demás y no de lo que hacemos nosotros mismos no sólo puede traernos conflictos con los demás, sino que nos desequilibra, nos quita paz mental y, lo más grave de todo, dejamos de cuidarnos a nosotros mismos; dejamos de cuidar nuestro cuerpo, nuestros pensamientos, nuestras palabras y nuestras acciones. Por eso, mi recomendación siempre será mirar hacia adentro en lugar de compararnos con los demás.

A pesar de lo anterior, es común que pensemos que nuestro autoconocimiento es mejor que el de los demás. La llamada ilusión de entendimiento asimétrico, entre otras cosas, explica cómo es que tendemos a creer que nos conocemos mejor a nosotros mismos de lo que otras personas se conocen a sí mismas. En psicología, existen muchas paradojas en donde, la mayoría de la gente se considera mejor que la mayoría de la gente, lo cual tiene sus "ligeras" complicaciones matemáticas.

La tendencia de estar más preocupados por lo que hacen y dicen otras personas, en vez de nosotros mismos, va de la mano con el sesgo de punto ciego, el cual, hace referencia a nuestra incapacidad para darnos cuenta de nuestros propios sesgos cognitivos; es aquella tendencia a pensar que estamos menos sesgados que los demás y que vemos las cosas de manera más objetiva y cercana a la realidad.

Ahora bien, el hecho de mirar más hacia afuera que hacia adentro, compararnos constantemente con los demás y necesitar ser mejores que los demás para alimentar a nuestro ego, no siempre trae como consecuencia un autoconcepto positivo y una autoestima elevada.

Como comentamos al inicio de este capítulo, cuando sentimos que otras personas son mejores que nosotros en algo que consideramos importante, si hemos construido un gran ego, éste recibirá un duro golpe, y, posiblemente, nos pongamos a cultivar el veneno de aversión, el veneno de la envidia, y, además de eso, nuestro autoconcepto empeorará y nuestra autoestima esté por los suelos.

Necesitar ser mejores que los demás, también puede ser aterrador; algunos de nosotros, posiblemente, hayamos vivido el efecto foco o "Spotlight"; en donde pensamos que muchas más personas pueden estar notando cosas de nosotros y juzgarnos, de las que realmente lo están haciendo.

Por ejemplo, si usamos una playera de color muy llamativo o tenemos una mancha en nuestra ropa, es probable que consideremos que la mayoría de la gente lo va a notar, sin embargo, lo más común, es que sobreestimemos el número de personas que está notando estas cuestiones. Lo mismo puede ocurrir, al momento de realizar una exposición frente a un grupo, con errores (como, que se nos trabe la lengua, por ejemplo) o síntomas de ansiedad (como, que estemos sudando), seguramente, al terminar, vamos a pensar que la mayoría de la gente lo notó pero, probablemente, muchos no pusieron atención a eso y, más bien, estaban concentrados en lo que decíamos o, lo que es muy común, estaban inmersos en sus propios pensamientos.

El efecto foco, puede volvernos más inseguros de nosotros mismos al momento de estar frente a otras personas, pues si consideramos que muchos van a notar nuestros errores, síntomas de ansiedad y hasta las manchas en nuestra ropa, le vamos a dar demasiada importancia a estos aspectos y, si queremos mostrarnos como perfectos ante los demás para mantener intacto al ego, estaremos sufriendo constantemente porque no siempre podemos cumplir dichas expectativas. Lo mejor es aceptar que no tenemos que ser perfectos o siempre mejores que los demás, simplemente hay que trabajar y entrenar en los aspectos que queremos mejorar de nosotros mismos, sin compararnos con otros, sin pensar que todo el mundo nos está juzgando, ya que, por lo general, cada quién está inmerso en su propia experiencia y en sus propios pensamientos.

Pero ¿cómo detener estos círculos viciosos de tener que ser mejores que los demás, de tener que llenar unos zapatos muy grandes y sufrir en el intento?, ¿cómo dejar esta necesidad de estarnos comparando?

Lo primero, es ser conscientes de que intentar tener un ego muy enaltecido puede ser muy pesado, muy difícil y, es una tarea o una mochila que nosotros mismos nos ponemos y nos hace sufrir toda nuestra vida. Crear expectativas difíciles de cumplir e intentar cubrirlas es, prácticamente, la receta de la infelicidad, de la insatisfacción.

Lo más importante es dejar de ver hacia afuera y dejar de querer ser mejores que los demás, únicamente, mirar hacia adentro y aceptarnos tal y como somos para, realmente, poder conocernos (tanto nuestras fortalezas como nuestras debilidades), y hacernos responsables de nosotros mismos, eso es lo que está en nuestras manos.

Por supuesto que no se trata, únicamente, de comprender esto, de encender un interruptor y ya, se trata de un cultivo constante y ser pacientes, es una forma de vivir, no una tarea que terminar.

En el próximo capítulo, explicaré algunas consecuencias de la incapacidad para aceptar la naturaleza impermanente de las cosas.

Capítulo 5. La impermanencia

En el capítulo anterior, hablamos sobre la necesidad del ego de ser mejores que los demás: de ese hábito de estarnos comparando constantemente con otras personas y alimentar nuestra avidez cuando nos sentimos mejores que ellas, o alimentar nuestra aversión y empeorar nuestro autoconcepto cuando sentimos que otras personas son mejores que nosotros en algo que consideramos importante.

También, resaltamos la importancia de ser conscientes de que intentar tener un ego muy enaltecido puede ser muy pesado, muy difícil y, es una tarea o una mochila que nosotros mismos nos ponemos y nos hace sufrir toda nuestra vida, mencionamos que crear expectativas difíciles de cumplir e intentar cubrirlas es, prácticamente la receta de la infelicidad, de la insatisfacción.

Por último, explicamos que lo más importante es dejar de ver hacia afuera y dejar de querer ser mejores que los demás, únicamente mirar hacia adentro, aceptarnos tal y como somos para, realmente, poder conocernos (tanto nuestras fortalezas como nuestras debilidades) y trabajar en nosotros mismos, hacernos responsables de nosotros mismos.

En este capítulo, hablaremos de la incapacidad para aceptar la impermanencia; de cómo nos cuesta trabajo lidiar con el cambio inherente al universo y buscamos aferrarnos a algunas cosas para no perderlas, controlar otras o predecir eventos.

¿Alguna de estas descripciones te resulta familiar o conoces a alguien que haya vivido algo parecido?

Situación 1: Estoy en tercer año de mi carrera, desde hace algunos meses, me di cuenta de que, en realidad, no me gusta esta carrera y no creo que estaré muy satisfecho dedicándome a esto en el futuro, sin embargo, ya he invertido demasiado tiempo, esfuerzo y dinero como para abandonarla, mejor invierto un poco más y ya termino.

Situación 2: Me he dado cuenta de que mi pareja y yo no somos muy compatibles, peleamos la mayor parte del tiempo, nuestros planes a futuro ya no son los mismos y cumplir nuestros sueños, nos llevaría por caminos distintos, sin embargo, ya llevamos 6 años juntos, hemos invertido tanto tiempo, energía y esfuerzo en esta relación que ya no tiene caso separarnos, es mejor que permanezcamos juntos.

Situación 3: Emprendí un proyecto que no funciona, pero como ya he invertido tanto dinero en ese proyecto, no estoy dispuesto a renunciar, no quiero aceptar que ese dinero ya está perdido, tal vez si tan sólo invierto un poco más, podré recuperar todo lo que perdí.

Estas, son descripciones de la falacia del costo hundido, que es un sesgo cognitivo que tenemos todos los seres humanos y que a veces nos hace tomar decisiones que no nos convienen; que lejos de recuperar esa inversión o costo que ya está hundido y no regresará, harán que sigamos perdiendo.

Un costo hundido es un gasto que tuvo lugar en el pasado y que ya no podemos recuperar. Lo interesante de ese costo es cómo va a influir en nosotros a la hora de tomar decisiones; digamos que va a inclinar la balanza por continuar por el camino que escogimos, y es que, claro, al ego de nadie le gusta reconocer que estábamos equivocados y que hicimos inversiones que ya no podremos recuperar.

Mientras más recursos invertimos en algo, ya sea un empleo, un negocio, una relación, una carrera universitaria, etc., más nos apegamos o aferramos a eso, y más trabajo nos cuesta aceptar que estábamos equivocados y que las pérdidas no regresarán.

En ocasiones, sirve imaginar que nosotros no somos quienes estamos inmersos en la situación, que es un amigo o familiar que nos está pidiendo un consejo, si no es nuestro ego el involucrado y nosotros no somos los que vamos a perder y los que nos equivocamos anteriormente, entonces tal vez podamos no estar tan inmersos, ver las cosas más fríamente, y únicamente considerar los gastos y beneficios futuros para determinar si conviene o no dar marcha atrás.

Recuerden, mientras más grande sea nuestro ego, más fácil caeremos en la falacia del costo hundido, porque a nuestro ego no le gusta estar equivocado, no le gusta perder, le gusta tener siempre la razón y siempre ganar.

Es útil mantener en mente la falacia de costo hundido al momento de tomar una decisión difícil, a nuestro ego no le va a gustar reconocer que estamos equivocados y que hay que dar marcha atrás, pero cuando tomemos perspectiva, veremos que, las mejores decisiones, se toman con la cabeza fría y la mente clara.

Ahora bien, existe una línea muy delgada entre darnos por vencidos demasiado rápido y aferrarnos o apegarnos por algo en lo que ya hemos perdido tiempo, dinero o esfuerzo que ya no regresará.

Por lo tanto, algo que nos puede ayudar a encontrar la diferencia entre esas dos opciones es analizar, además de las probabilidades de que las cosas realmente mejoren, ¿por qué queremos seguir ahí?, ¿por qué queremos seguir en esa carrera, relación o en ese proyecto?, si nuestra mejor respuesta es únicamente por que ya invertí demasiado, entonces, probablemente, seguir por ese camino implicará seguir perdiendo energía, tiempo o dinero.

Ahora bien, si la respuesta no es nuestra propia necedad o aversión a habernos equivocado al tomar ese camino, o aversión a haber perdido lo que hemos invertido, entonces tal vez podamos encontrar otras razones, por las que sí valga la pena seguir esforzándonos, siempre y cuando, dentro de esas razones no esté la ignorancia o terquedad de proteger a nuestro ego, sino, las ganas de cuidar y cultivar algo que nos hará un bien a nosotros (a nuestro cuerpo, a nuestra mente, a nuestra ética), no afectará o, incluso, ayudará a las demás personas, seres vivos o a nuestro entorno, si es así, entonces adelante, es algo por lo que vale la pena luchar.

Por otro lado, a nuestro ego, no solamente le gusta aferrarse a algunas cosas para no perderlas, también le encanta poder predecir y controlar lo que pasa en nuestro entorno.

Se entiende que nos guste anticiparnos a los eventos que pasarán en nuestro entorno para poder cuidarnos mejor y mantenernos con vida, seguramente, a nuestros antepasados les era útil ver las huellas de un león o alguna otra señal de que un depredador grande estaba cerca para saber si tenían que huir o cambiar de dirección. Esto, simplemente, es hacer ciertas inferencias para poder cuidarnos a nosotros mismos, es totalmente necesario. Sin embargo, la avidez del ser humano hace que nos fascine y estemos sedientos por hacer inferencias y encontrar patrones o relaciones en todos lados.

Podemos decir que, el hecho de que las cosas cambien constantemente y no las podamos predecir ni controlar, nos causa aversión, o, como dicen los budistas, la ignorancia de la naturaleza impermanente del universo puede generar el veneno de la aversión. Pero si nosotros podemos llevar la batuta de los cambios y saber, de antemano, qué va a pasar, entonces dejamos de ser tan vulnerables y tenemos mayor poder sobre las cosas, digamos que, la situación se vuelve más cómoda para nosotros.

Pero ¿cuáles son los riesgos de tener esta aversión a no poder predecir y controlar, y esta avidez por lograr hacerlo? Dos claros ejemplos de ello son el efecto Forer y el pensamiento supersticioso.

Efecto Forer:

No les habíamos dicho, pero, en este libro, también hacemos descripciones de personalidad y, la que te tocó a ti, es la siguiente:

Eres idealista, tienes sólidos principios. Eres una persona ética y concienzuda, posees un fuerte sentido del bien y el mal. Te esfuerzas siempre por mejorar las cosas, pero temes cometer errores. Puedes llegar a tener problemas de rabia e impaciencia, pero en general eres sabio, perceptivo, realista y noble.

Por otro lado, también hacemos predicciones basadas en tu horóscopo, la tuya, es la siguiente:

Llegará un poco de dinero a tu vida; disfruta de tu dinero, pero no abuses. Debes evitar gastos innecesarios. Es tiempo de ahorrar y prepararte para cualquier gasto imprevisto. Cuando te sientas bien y en paz, tu pareja también se sentirá igual. Busca armonía entre lo que sientes y lo que quieres.

Bien, como probablemente ya lo hayas notado, tanto la descripción de tu personalidad, como la predicción basada en tu horóscopo son falsas, únicamente las empleé para ilustrar cómo funciona el efecto Forer.

La clave de los tests de personalidad de internet y de los horóscopos, de acuerdo con el efecto Forer, es que son muy generales, es decir, aplican para casi todo el mundo, son muy ambiguos, y hay muy pocas cosas con las que puedas estar en desacuerdo, por ejemplo, la mayoría te presentan dos opciones: "eres X, pero a veces eres Y". Esto es lo suficientemente vago como para ajustarse prácticamente a cualquier ser humano. Si le dices a alguien: "eres muy inteligente, pero a veces haces tonterías", cualquier persona podría aceptar esa descripción como válida para ella. Y, por otro lado, usan muchos temas que nos afectan a la gran mayoría de la gente como dinero o relaciones amorosas.

Lo importante aquí es poder discernir entre información válida, que proviene de fuentes confiables y está sustentada por argumentos lógicos, de estafas que podrían aprovecharse de nuestra avidez por tener información sobre nosotros mismos y predecir lo que nos va a suceder.

Por otra parte, el pensamiento supersticioso no implica únicamente la avidez por predecir el futuro, sino que, también, la avidez por controlarlo.

La superstición es la creencia de que un evento (digamos, evento 1) influye de alguna manera en otro evento (digamos, evento 2), sin que, realmente, exista esta relación entre ambos eventos. Podemos creer, por ejemplo, que soplar las velas en nuestro pastel de cumpleaños (evento 1), va a causar que se cumpla nuestro deseo (evento 2), o que romper un espejo (evento 1), va a provocar que tengamos siete años de mala suerte (evento 2).

En 1947, B.F. Skinner, un famoso psicólogo conductista, llevó a cabo un experimento en el que, durante unos minutos al día, un mecanismo alimentaba a unas palomas en intervalos regulares de tiempo. Lo que se encontró, fue que las palomas desarrollaban, en muy poco tiempo, un comportamiento supersticioso, creyendo que al actuar de una manera particular (evento 1), la comida llegaría como consecuencia (evento 2).

Al final del estudio, tres cuartas partes de las palomas se habían vuelto supersticiosas. Una de las palomas, adquirió la creencia de que, girando varias veces alrededor de la jaula, en sentido contrario a las agujas del reloj, conseguiría su alimento. Otra de ellas aprendió a realizar un movimiento de péndulo con la cabeza. Otras, mantenían un aleteo constante con la esperanza de que la comida llegara gracias a ello. ¿Cómo ocurrió esto?

En el momento en el que apareció la comida, las palomas estaban realizando cierta conducta aleatoria, al aparecer la comida, reforzó o premió esa conducta. De esta manera, se conectan los dos eventos (conducta aleatoria y comida), haciendo creer a las palomas que girar, mover la cabeza o aletear, causaron la aparición de comida. Entonces las palomas seguirán haciendo dichas conductas para que vuelva a aparecer la comida.

Esto mismo ocurre con nosotros. Si, por ejemplo, durante una cita usamos nuestros calzones de la suerte, podemos llegar a creer que todo salió bien gracias a ellos. Por lo tanto, en las próximas citas, volveremos a usar los mismos calzones de la suerte.

El pensamiento supersticioso puede ser reforzado por el sesgo de confirmación, que nos lleva a prestar mayor atención a la información que confirma nuestras creencias. De esta manera nos olvidaremos fácilmente de las veces en las que se nos cruzó un gato negro y no nos ocurrió nada malo, y recordaremos más fácil aquellas veces en las que se nos cruzó un gato negro y sí nos ocurrió algo malo, los eventos que confirman nuestras creencias se vuelven más memorables para nosotros que los que no, así, la creencia supersticiosa se refuerza.

El pensamiento supersticioso no únicamente sirve para creer que ganamos control sobre situaciones inciertas, también sirve para reducir los sentimientos de indefensión e impotencia, y porque recurrir a conductas supersticiosas es más rápido y sencillo que investigar y controlar las causas de situaciones complejas e impermanentes.

Otro ejemplo serían los rituales o sacrificios que practicaban nuestros antepasados para controlar determinados fenómenos de la naturaleza.

Así es que, ya saben, con respecto al costo hundido, no hay que dejar que nuestro ego nos domine al tomar decisiones importantes, porque podremos seguir equivocándonos con tal de no reconocer que estamos en un error ni que, lo que invertimos, ya no regresará.

Por otro lado, no se dejen engañar con predicciones de su futuro debido a esta avidez por encontrar la manera de controlar y predecir cosas que, ciertamente, son impermanentes y mucho más complejas.

Recuerden que el camino hacia el bienestar se encuentra más cercano del cultivo constante de los cuidados (del cuerpo, de los pensamientos, de nuestras relaciones y del medio ambiente), y más lejano de los impulsos de la avidez (por controlar y predecir) y de la aversión (a la pérdida) que vienen de la ignorancia y sirven para llenar nuestra pesada mochila del ego.

En el último capítulo, daré información sobre el cultivo de los cuidados.

Capítulo 6. Los Cuidados

Tal vez, si quisiéramos resumir este libro de una manera muy somera, podríamos decir que existen dos caminos que buscan la felicidad:

Primer camino. El camino de la ignorancia: un camino considerado erróneo o sesgado, en donde buscamos nuestra felicidad en placeres momentáneos, sin importar si ello conlleva, a largo plazo, al sufrimiento de los demás o de nosotros mismos. Un camino en donde vamos a ignorar la interconexión entre los seres vivos y la impermanencia de las cosas, un camino en donde vamos a ser víctimas de nuestros impulsos de avidez por alimentar nuestro ego y aversión hacia lo que daña a nuestro ego.

Segundo camino. El camino del cultivo de los cuidados: un camino, que más que llevarnos a un simple interruptor, nos lleva a una forma de vivir que implique el autoconocimiento, la autoaceptación y el cultivo de los cuidados. Comprender la interconexión entre los seres vivos, la naturaleza impermanente de las cosas y el funcionamiento de los venenos de nuestra mente, nos permitirá ser conscientes de la importancia de cultivar el cuidado de nuestro cuerpo, pensamientos, relaciones y medio ambiente en el que vivimos.

Si bien, ya hemos estado describiendo, en todos los capítulos anteriores, el primer camino; el camino de la ignorancia (es decir; el camino hacia un falso bienestar), es momento, en este último capítulo, de describir más a fondo qué implica el camino del cultivo de los cuidados, este segundo camino hacia el verdadero bienestar.

El camino del cultivo de los cuidados es el camino medio, el camino del discernimiento; es un camino que no está sesgado; que se aleja de los extremos de la avidez y la aversión. Es un camino que nos llevará a ser responsables de nosotros mismos, ocupándonos, únicamente, de cuidar lo que está en nuestras manos; es un camino donde soltamos la pesada mochila del ego y nos ponemos a cultivar los cuidados.

Después de mirar hacia adentro para conocer cómo funciona nuestra mente y aceptar que tenemos distintos sesgos en nuestra forma de interpretar la realidad, es decir; después del autoconocimiento y la autoaceptación, es que podemos dejar a un lado la mochila del ego y empezar a sembrar las semillas de los cuidados.

Comenzaré explicando el cuidado del cuerpo, después, les platicaré sobre el cuidado de nuestros pensamientos, para seguir con el cuidado de nuestras relaciones y finalizar con el cuidado de la naturaleza o del medio ambiente en el que estamos inmersos.

Primer cuidado. Cuidado del cuerpo

Como cualquier otro cuidado, el cuidado del cuerpo implica encontrar el punto medio y discernir, en cada situación o en cada momento, cuándo nos estamos alejando del punto de equilibrio y nos estamos acercando, ya sea al extremo de la avidez o al extremo de la aversión.

Existen diferentes aristas o dimensiones que se incluyen en el cuidado del cuerpo, entre ellas están la alimentación, la higiene, la salud y el ejercicio; y lo que hay que cuidar es que nuestros hábitos en cada una de estas dimensiones se encuentren cerca del camino medio y lejos de los venenos de avidez y aversión.

Con respecto a nuestros hábitos de alimentación, a nivel intelectual, es fácil diferenciar el camino medio de los extremos de avidez y aversión, sin embargo, llevarlo a la práctica implica disciplina, fuerza de voluntad, paciencia y tolerancia a la frustración.

Sabemos cuando estamos comiendo por avidez, por gula, y reconocemos qué alimentos en exceso nos hacen daño, sin embargo, en la práctica, sabemos también que ser estoicos no es tan sencillo. Por otro lado, también sabemos que cuidar nuestro peso de manera obsesiva nos podrá llevar a tener aversión a una conducta tan natural y placentera como comer, y sabemos que esta aversión a ingerir alimentos que necesitamos nos puede llevar a problemas alimenticios del extremo opuesto como la anorexia o la bulimia. En fin, en el tema de la alimentación no hay mucho que decir, más bien hay mucho que hacer, siendo conscientes, de momento a momento, del punto medio entre el descuido total y la preocupación obsesiva.

Lo mismo se puede decir con respecto a las dimensiones del cuidado de la salud, de la higiene y del ejercicio: a nivel intelectual, no es tan difícil comprender que nuestros hábitos deben de estar equilibrados, cerca del punto medio y lejos de los extremos, lo difícil es ponerlo en práctica y ser conscientes, de momento a momento, del punto medio entre el descuido total y la preocupación obsesiva.

Ahora bien, es sumamente importante recordar que, al igual que este libro no es un suplemento de la terapia psicológica realizada por un profesional, tampoco reemplaza, ni mucho menos, al médico, nutriólogo o profesional de la salud que nos asesorará, de forma personalizada, para cuidar mejor a nuestro cuerpo.

Tal vez haya algo que no te guste de tu cuerpo, que desearías que fuera diferente, pero acepta a tu cuerpo tal y como es, conócelo, reconócelo para poder cuidarlo de la mejor manera posible, pues es quien te permite mantenerte con vida, quien bombea tu sangre, quien te llena de oxígeno, quien te permite comunicarte con los demás y quien te permite moverte, de una u otra forma. Agradece y cuida a tu cuerpo que ha estado contigo desde el primer día de tu vida y estará ahí hasta el último día.

Segundo cuidado. Cuidado de los pensamientos

El cuidado de los pensamientos es el punto de convergencia en donde todo se une: pues implica la comprensión del camino de la ignorancia, e implica también, todos los otros cuidados. Si no cuidamos adecuadamente nuestros pensamientos, esto va a repercutir directamente en nuestro cuerpo, en nuestras relaciones y en el medio ambiente en el que vivimos.

Lo que pasa en nuestra mente siempre impacta a nuestro cuerpo; cuando estamos preocupados, ansiosos o estresados, nuestros pensamientos pueden hacer que los músculos se tensen, que nuestro sistema inmunológico se debilite, que el latido de nuestro corazón se acelere y la presión de nuestra sangre aumente. Por otro lado, si nuestros pensamientos están serenos y estamos relajamos, también se van a relajar nuestros músculos, se fortalecerá nuestro sistema inmunológico, bajará nuestro pulso cardiaco y bajará nuestra presión sanguínea.

Sabemos que el cuidado de nuestros pensamientos mucho tiene que ver con la forma en que interpretemos las situaciones: irnos a un extremo y sentir aversión, odio, un impulso de destruir o aniquilar, desprecio, rencor y resentimiento hacia lo que lastima nuestro ego, o irnos hacia el otro extremo y sentir avidez, ambición, codicia, una sed insaciable por aquello que alimenta nuestro ego, es algo completamente diferente a cuidarnos y he ahí el meollo del asunto: Hay que distinguir lo que es necesario para cuidarnos de aquellos extremos de aversión y avidez.

Un ejemplo que se mencionó en el primer capítulo en cuanto a la aversión fue el siguiente:

No es lo mismo cuidarnos de alguien que nos quiere hacer daño, protegiendo nuestro bienestar o el de nuestros seres queridos, impidiendo que nos lastimen, digo: incluso por la fuerza si es necesario, no se trata de permitir que nos hagan daño, pero esto no es lo mismo que irnos al extremo de estar cultivando los pensamientos venenosos de la aversión, odio, resentimiento hacia aquella persona que se atrevió a lastimar a nuestro ego, pues este veneno, para quien resulta más tóxico es para quien lo cultiva y quien lo está guardando todo el tiempo.

El otro ejemplo que se mencionó en cuanto a la avidez fue el siguiente:

No es lo mismo necesitar cierta cantidad de dinero para cubrir nuestras necesidades básicas de salud, vivienda, alimentación, tener una calidad de vida digna, si tenemos hijos, querer darles una buena educación, una buena salud, una buena calidad de vida, todo eso es completamente sensato. Pero irnos al extremo de estar cultivando los pensamientos venenosos de la avidez, de la sed insaciable por cosas materiales que nos den mayor estatus que a los demás, que alimenten nuestro ego, lo único que causará en nosotros es nunca poder estar satisfechos con lo que tenemos, aunque sea justo lo necesario o, aunque sea mucho, siempre vamos a querer más y más, y quedará poco tiempo para disfrutar lo que tenemos.

Se puede decir que, así como nuestro cuerpo va asimilando e integrando lo que comemos en nuestros distintos tejidos, órganos y músculos, nuestra mente va formando nuestras creencias, actitudes y comportamientos a partir de lo que pensamos. En cierta forma, los alimentos de nuestra mente son nuestros pensamientos, por lo tanto, es importante ser conscientes de qué alimentos le estamos dando a nuestra mente.

No podemos controlar todas las experiencias que vivimos, pero sí podemos ser conscientes de la forma en la que las interpretamos y de los pensamientos que formamos a partir de ellas.

Es bastante común que, cuando interactuamos con otras personas existan conflictos, también es muy común que sintamos rencor, miedo, enojo, decepción, frustración, envidia, odio, etc., incluso podemos decir que es natural, sin embargo, a quienes más daño hacen estos sentimientos, emociones y pensamientos, es a nosotros mismos, y no tiene caso seguir sosteniéndolos, cultivándolos y alimentándonos de ellos, lo mejor es reconocer, de momento a momento, cuando nos estamos acercando a los extremos de la avidez y la aversión, para poder regresar al camino medio.

Tercer cuidado. Cuidado de las relaciones

Tal vez, durante la pandemia del COVID-19, para muchos de nosotros se hizo evidente la interconexión entre los seres vivos, y cómo es que lo que le pasa a uno puede afectar a otros en distintas partes del mundo, y los cuidados que hacemos, o dejamos de hacer, afectan a los demás y viceversa, en fin, no cabe duda de que todos los seres vivos navegamos en el mismo bote.

Como vimos en el capítulo de la necesidad de dominar a los demás: la empatía es nuestro freno más básico para no hacer daño a otros, va a actuar, incluso, en situaciones donde nos encontremos en un rol de poder o con absoluta libertad. Pero si nos distanciamos de nuestra víctima y no logramos sentir empatía hacia ella, en la primera circunstancia donde tengamos poder sobre ella o se nos deslinde de la responsabilidad de nuestros actos, seremos capaces de cometer atrocidades.

Por eso, es tan importante que la empatía y la compasión estén intrínsecas en nosotros, para que podamos crear de este mundo un mejor lugar.

Muchas veces, conocemos gente que piensa diferente que nosotros, seguramente conoces a alguien que tiene una diferente opinión política que la tuya, o diferentes creencias religiosas que las tuyas, tal vez diferentes preferencias o gustos que los tuyos, distintos hábitos, o, que ha cometido distintos errores a los tuyos y, en general, distintas formas de ser y de ver la vida. Sin embargo, todos tenemos algo en común: todos queremos sentirnos bien, estar felices, reducir nuestro malestar y sufrimiento y, a final de cuentas, vivir en un mundo mejor, que nuestros seres queridos vivan en un mundo mejor.

Ahora bien, el mundo no es algo que esté afuera de nosotros, más bien el mundo se compone de personas como tú o como yo, no podemos hablar del mundo como si fuera algo separado a nosotros, o de la gente como si fuera algo distinto a nosotros; nosotros somos ese mundo, nosotros somos esa sociedad, esa gente. Y, por lo tanto, no podemos esperar a que ese mundo mejore sin nuestra ayuda, la única forma de mejorar el mundo, nuestro mundo, a la sociedad, nuestra sociedad, es cuidando lo que hacemos, y no se trata únicamente de comprender está idea, sino de ponerla en práctica, transmitirla y construir nuevos hábitos.

Cada uno de nosotros estamos en circunstancias distintas y cada uno puede ayudar de una forma distinta, sin embargo, hay cosas en las que todos podemos trabajar, como son los cuidados de nuestras relaciones.

Para cuidar nuestras relaciones con los demás, lo primero es ser conscientes de lo importante que son las demás personas para nosotros, reconocer que, así como a ti, a todos nos gustaría que nos respetaran, que nos ayudaran si tenemos dificultades, que nos cuiden si necesitamos apoyo y, para ello, tenemos que empezar por respetar nosotros a los demás, ayudarlos si tienen dificultades, cuidarlos si necesitan de nuestro apoyo; ser como nos gustaría que fueran los demás con nosotros.

Ser conscientes de que cada persona tiene sus propios seres queridos, sus propios planes y metas en la vida, sus propios sueños, sus propias ganas de ser feliz, sus propios miedos y ser conscientes de que no conocemos por qué dificultades ha pasado cada persona, no conocemos todo lo que ha sufrido y todo lo que ha tenido que pasar para llegar hasta aquí, para sobrevivir hasta este momento, recuerda que llegar hasta aquí ya es un gran logro, simplemente nacer y sobrevivir hasta este punto, implica miles de obstáculos superados, miles de problemas resueltos, miles de dolores, miles de pérdidas y miles de sufrimientos, por eso, no juzguemos a la gente sin conocerla, no nos juzguemos a nosotros mismos después de todo lo que hemos pasado, al contrario, admirémonos por haber nacido y sobrevivido hasta este punto, entendamos que todos hemos librado un sin número de batallas y respetemos eso.

Cuarto cuidado. Cuidado del medio ambiente en el que vivimos

Así como entendemos la importancia de cuidar a nuestro cuerpo, pues es quien nos permite mantenernos con vida, quien bombea nuestra sangre, quien nos llena de oxígeno, la naturaleza, el medio ambiente, es el hogar donde hemos vivido todas nuestras experiencias, el único hogar que hemos conocido. Y resulta evidente la interconexión entre la naturaleza y todos los seres vivos que habitamos en ella, aceptémoslo o no, somos parte de algo mucho más grande que nosotros y estamos en un frágil equilibrio dinámico en donde nuestras decisiones no sólo nos afectarán a nosotros mismos, sino a los billones y billones de seres vivos que comparten nuestro mismo hogar, y las decisiones que tomemos hoy van a determinar el mundo que les dejemos a los billones y billones de seres vivos que están por venir.

Realmente espero que este pequeño libro haya sido de utilidad para ti y que hayas encontrado algo de sentido a mis palabras, espero que sea así, si te gustó, no olvides compartir lo aprendido con aquellas personas a quienes creas que les puede servir.

Adiós, y espero que estés bien, que encuentres felicidad, paz y tranquilidad.